中等职业教育民航专业系列教材
ZHONGDENG ZHIYE JIAOYU MINHANG ZHUANYE XILIE JIAOCAI

民航客舱
服务实训

主　编◎冯　利　罗一鸣

副主编◎傅　川　赵　芯　陈　池

参　编◎宋林玥　张秋杰　周靓怡

重庆大学出版社

图书在版编目（ＣＩＰ）数据

民航客舱服务实训 / 冯利，罗一鸣主编. --重庆：
重庆大学出版社，2018.8（2023.6重印）
ISBN 978-7-5689-1211-2

Ⅰ. ①民… Ⅱ. ①冯… ②罗…Ⅲ. ①民用航空 — 乘
客运输 — 商业服务 — 教材 Ⅳ. ①F560.9

中国版本图书馆CIP数据核字（2018）第143083号

中等职业教育民航专业系列教材
民航客舱服务实训

主 编 冯 利 罗一鸣
副主编 傅 川 赵 蕊 陈 池
责任编辑：章 可 版式设计：叶抒扬
责任校对：谢 芳 责任印制：赵 晟
*
重庆大学出版社出版发行
出版人：饶帮华
社址：重庆市沙坪坝区大学城西路21号
邮 编：401331
电话：（023）88617190 88617185（中小学）
传真：（023）88617186 88617166
网址：http://www.cqup.com.cn
邮箱：fxk@cqup.com.cn（营销中心）
全国新华书店经销
重庆愚人科技有限公司印刷
*
开本：787mm×1092mm 1/16 印张：5 字数：109千
2018年8月第1版 2023年6月第4次印刷
ISBN 978-7-5689-1211-2 定价：22.00 元

前　言

　　本书对应的课程是中等职业学校航空服务专业的一门专业技能课，是希望从事空中乘务工作的学生的必修课程，其主要目的是使学生掌握空中乘务的航前准备、迎客服务、客舱服务、航后总结4个方面的知识及技能，全面了解客舱乘务员的工作内容，能独立完成客舱服务，为今后的就业打下坚实的基础。

　　本书采用"项目—任务"的形式编排，全书内容根据实际岗位的能力要求分为起飞前、飞行阶段、飞行结束3个部分，包含8个项目共18个任务，分别为准备个人物品、检查设备、迎接乘客、安全演示及检查、餐食服务、饮料服务、服务特殊乘客、航后工作。

　　本书作为项目实践型教材，将实用性放在第一位。书中内容适合以项目教学、情境教学、互动教学等作为主要教学方法，将教学过程与实际工作过程密切结合。教学内容可在教室或航空机舱内进行，本书的每个任务都创设了实际的工作情境，让学生面对实际工作任务担任一定的角色模拟完成相关内容，从而更好地掌握操作技能。

　　本书由冯利、罗一鸣任主编，傅川、赵芯、陈池任副主编。起飞前和飞行结束两部分的内容由赵芯、宋林玥、周靓怡编写，飞行阶段的内容由冯利、罗一鸣、傅川、陈池、张秋杰编写。冯利负责全书的统稿和定稿。

　　由于作者水平有限，疏漏和不足之处在所难免，恳请各位专家、教师不吝赐教。

编　者
2018 年 4 月

目　录

✈ 起飞前

✈ 飞行阶段

飞行结束

 # 起飞前

　　舱门还未关闭、飞机还没开始滑行之前的阶段统称为起飞前阶段。起飞前乘务员需要完成的工作包括个人物品准备、应急设备检查、服务设备检查、迎接乘客等。

项目一　准备个人物品

任务一 | 准备飞行箱物品

情境导入

乘务组接到了飞行任务——10月1日15:30由重庆江北国际机场飞往北京首都国际机场的JL2866次航班任务。要求乘务员在当天13点，整理完个人物品后，带上飞行箱参加乘务组的航前准备会。

任务分析

作为本次航班的乘务员，请完成以下任务：

（1）准备飞行物品；

（2）准备飞行所需携带的证件。

任务实施

乘务员执行航班前需准备好个人物品，包括飞行物品和资料证件等。

一、准备飞行物品

乘务员需要准备的飞行物品包括《客舱乘务员手册》、工号牌、化妆包、手表、围裙、针线包、备份丝袜、视力矫正眼镜、备用制服等，部分物品如图1-1-1所示。

图 1-1-1　常用的飞行物品

二、准备证件

乘务员执行航班需携带的证件主要是指"三证"：中国民用航空空勤登机证、中国民用航空客舱乘务员训练合格证、航空人员体检合格证。

图 1-1-2 中国民用航空空勤登机证

● 中国民用航空空勤登机证：乘务员执行任务时准许登机的有效证件，如图 1-1-2 所示。

● 中国民用航空客舱乘务员训练合格证：乘务员每年都要进行一次复归训练，训练合格后由相关部门颁发合格证，有效期为 12 个月。

● 航空人员体检合格证：乘务员每年体检合格后由中国民用航空局下属的地方管理局颁发的证件，有效期为 1 年，如图 1-1-3 所示。

图 1-1-3 航空人员体检合格证

乘务员执行国际航线任务还需携带中华人民共和国因公护照和港澳通行证，必要时还需要有国际预防接种证书、国际旅行健康证明书。

思考与练习

乘务员执行国际航班时需要携带的证件有哪些？

学习评价

序 号	评价标准	分 值	自评分	小组评分	教师评分
1	仪态、仪容符合职业规范	20分			
2	个人物品、证件准备齐全	30分			
3	飞行箱内收纳得整齐美观	20分			
4	积极参与任务实施	10分			
5	整体模拟效果较好	20分			
合　计		100分			

任务二 | 准备资料

情境导入

起飞前，乘务员应严格按照航空公司的流程完成个人网上预先准备，并完成业务资料的搜集。

任务分析

作为本次航班的乘务员，请完成以下任务：

（1）根据个人网上预先准备流程，完成网上准备；

（2）完成业务资料的搜集。

任务实施

一、完成网上准备

网上准备的具体步骤如下：

登录网上飞行准备系统（图1-2-1）→单击"网上准备"→完成"乘务A级重要通知"学习→完成健康状况的申报→进入"排班情况"，了解次日航班信息→单击"机型机号"，查看机型知识→进入"重要消息"，学习文件内容→进入"航线特点"，学习航线知识→进入"乘务长留言"，学习、记录乘务长的留言要求→了解VIP乘客信息→进入"试题"，完成考试→出现"准备完成，点击"提示框，单击后返回主页，确认准备完成（显示为红色字体"已准备"）。

次日有航班任务，应按时完成网上准备：

● 次日航班计划起飞时间在11:00前，乘务员须在当日20:00—22:00完成网上准备；

图 1-2-1　网上飞行准备系统

● 次日航班计划起飞时间在 11:00 以后，乘务员须于当日 18:00—次日 8:00 完成网上准备。

二、业务资料

需要准备的业务资料包括航班信息、航线信息、相关业务手册及最新的学习资料等，如《客舱乘务员岗位、应急职责指导书》《客舱欢迎广播词》（图 1-2-2）等。

客舱广播技巧

客舱欢迎词

女士们、先生们：

欢迎您乘坐JL2866次航班重庆/北京。由重庆到北京的空中飞行距离为1640公里。预计空中飞行时间1小时40分钟，飞行高度9000米。

飞机正在滑行，很快就要起飞，现在乘务员进行客舱安全检查，请您协助我们收起小桌板、调直座椅靠背、打开遮光板、系好安全带。祝各位旅途愉快！

谢谢！

Good afternoon ladies and gentlemen:

Welcome you aboard flight JL 2866 to Chongqing/Beijing. The air distance between Chongqing and Beijing is 1640 kilometers. Fliying time will be 1 hour and 40 minutes. We will be flying at an altitude of 9000 meters.

We will be taking off immediately .Please make sure that your seat belt is securely fastened, your tray table and seat back returned to the upright position, keep window shade open.

Wish you have a pleasant journey!

Thank you!

图 1-2-2　中英文广播词

思考与练习 ✍

查找几家航空公司的欢迎词，比较其异同，写一篇自己的欢迎词。

学习评价 ✍

序　号	评价标准	分　值	自评分	小组评分	教师评分
1	仪态、仪容符合职业规范	20分			
2	个人网上准备操作完整	20分			
3	业务资料准备完整	30分			
4	积极参与任务实施	10分			
5	整体模拟效果较好	20分			
合　计		100分			

项目二 检查设备

任务一 | 检查应急设备

情境导入

乘务组结束航前准备会后进入客舱，将首先对应急设备进行检查。

任务分析

根据需要，几人组成一个乘务组后，请完成以下任务：

按照各自的岗位分工完成应急设备的检查工作。

任务实施

客舱应急设备的完好是航班飞行安全的保障，所以应急设备的检查是乘务员的重要职责。

一、检查舱门

（1）检查是否能正常打开或关闭舱门，舱门有无损坏，如图 2-1-1 所示。

（2）关闭舱门后，推动舱门确认是否关闭到位，并检查舱门有无夹带物品。

（3）检查各舱门状况是否正常，确认滑梯压力指针在绿色区域内（滑梯压力正常，能保障舱门应急滑梯在 5~8 秒内快速充气，让乘客迅速逃离）。

图 2-1-1　舱门

二、检查氧气瓶

（1）检查氧气瓶是否在位、固定牢固，并清点数量，如图 2-1-2 所示。

（2）确认每个氧气瓶都对应配有一个适用且包装完好的氧气面罩。

（3）检查氧气瓶压力表指针是否处在 1 800 磅 / 平方英寸（约 126.55 千克 / 平方厘米）位置（红色区域），确认氧气瓶压力正常，确认开关阀门处于"关"的位置。

图 2-1-2　氧气瓶

三、检查灭火器

（1）检查灭火器是否在位并清点数量，确认保险铅封完好，如图 2-1-3 所示。

（2）确认灭火器的压力指示针处于绿色区域。

（3）检查灭火器是否在有效期内，如果有效期剩余不足 8 天则须更换。

四、检查防烟面罩

（1）检查防烟面罩是否在位并清点数量，如图 2-1-4 所示。

（2）检查防烟面罩的包装是否密封完好。

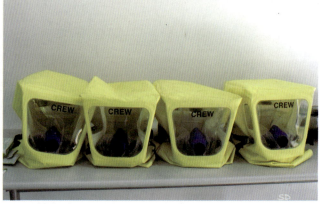

图 2-1-3　灭火器　　　　　　　图 2-1-4　防烟面罩

五、检查救生衣

（1）确认客舱内每个座椅下都备有救生衣并固定好，如图 2-1-5 所示。

（2）检查救生衣的外包装是否完好无损。

图 2-1-5 救生衣

六、检查手电筒

（1）检查手电筒是否在位并清点数量，如图 2-1-6 所示。

（2）确认手电筒能正常使用，灯光亮度适中。

七、检查急救箱

（1）检查急救箱是否在位并固定好，清点数量，如图 2-1-7 所示。

（2）确认急救箱外壳是否完好，保证箱内用品的使用时间在有效期内。

图 2-1-6 手电筒　　　　　　　　图 2-1-7 急救箱

八、检查各种须知说明

（1）确认每个座椅背后的须知说明［如安全须知（图 2-1-8）、出口座位旅客须知卡（图 2-1-9）等］是否配备齐全，无损坏。

（2）检查各须知说明与航班机型是否匹配。

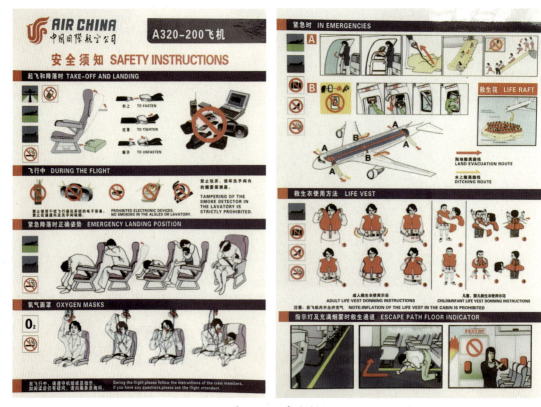

图 2-1-8 安全须知

图 2-1-9 出口座位旅客须知卡

九、检查安全带

（1）确认安全带是否在指定位置并配备齐全，如图 2-1-10 所示。

（2）检查安全带是否能正常伸缩、使用，搭扣是否能正常打开、扣上。

十、检查扩音器

检查扩音器是否在位，外表是否完好，是否能够发出声音（音频、音量适中），如图 2-1-11 所示。

图 2-1-10　安全带

图 2-1-11　扩音器

十一、检查应急灯

确认应急灯能正常开关，如图 2-1-12 所示。

图 2-1-12　应急灯

十二、检查洗手间烟雾探测器

观察烟雾探测器指示灯的闪亮时间，确认探测器处在工作状态，如图 2-1-13 所示。

图 2-1-13　烟雾探测器

十三、检查安全演示设备

检查安全演示设备是否在位、齐全（含救生衣、氧气面罩、安全带、安全须知）。

思考与练习

客舱内需要检查的应急设备有哪些?

学习评价

序　号	评价标准	分　值	自评分	小组评分	教师评分
1	仪容、仪表符合职业规范	20 分			
2	能正确检查应急设备	20 分			
3	操作动作正确、流程规范	30 分			
4	积极参与任务实施	10 分			
5	整体模拟效果较好	20 分			
合　计		100 分			

任务二 | 检查服务设备

情境导入 ✐

乘务组在检查应急设备，并确认所有应急设备都完好，可以正常工作之后，还需要对服务设备进行检查。

任务分析 ✐

根据需要，几人组成一个乘务组后，请完成以下任务：
按照各自的岗位分工完成服务设备的检查工作。

任务实施 ✐

客舱服务设备的完好能让乘客在乘坐航班期间保持身心愉悦，所以服务设备的检查工作尤其重要。

检查服务设备

一、检查座椅

（1）检查座椅外观（如椅套、座椅部件、装饰板、杂志袋、扶手、搁腿板等）有无破损，如图 2-2-1 所示。

（2）确认座椅椅垫齐全，安装到位。

（3）检查座椅调节功能、小桌板功能是否正常。

二、检查控制面板

确认控制面板能正常工作，标示清晰，按键可正常操作，如图 2-2-2 所示。

图 2-2-1　座椅

图 2-2-2　控制面板

三、检查广播、内话系统

确认广播、内话系统能正常工作，音质良好，如图 2-2-3 和图 2-2-4 所示。

图 2-2-3　内话系统　　　　　　　图 2-2-4　广播系统

四、检查灯光、影音系统

（1）将灯光调节至适中亮度。

（2）检查电视画面是否清晰，影音系统的音质、音量是否良好，如图 2-2-5 所示。

五、检查乘客服务组件

确认阅读灯、通风口、呼唤铃、耳机等服务组件的功能正常，使用情况良好，如图 2-2-6 所示。

图 2-2-5　影音系统　　　　　　图 2-2-6　服务组件

六、检查行李架

（1）确认行李架表面及内部清洁、无损伤，如图 2-2-7 所示。

（2）确认行李架盖能正常开关，行李架锁功能正常。

（3）航行前将行李架全部开启，让乘客能正常使用。

图 2-2-7　行李架

七、检查并固定厨房设备

（1）确认烤箱、煮水器、冰箱、咖啡机、储物柜等厨房设备能正常工作。

（2）检查餐车、水车、储物柜的锁扣是否齐全且扣好，如图 2-2-8 所示。

图 2-2-8　厨房设备

八、检查厕所设备

确认厕所门、洗手台、储物柜、马桶等厕所设备的外观无破损、无污渍，功能正常，如图 2-2-9 至图 2-2-12 所示。

图 2-2-9　厕所门

图 2-2-10　洗手台

图 2-2-11　储物柜

图 2-2-12　马桶

九、检查门帘

（1）确认门帘安装到位，表面无污渍、破损，如图 2-2-13 所示。

（2）确认门帘挂钩完好，固定门帘的扣带齐全无破损，能正常滑动门帘。

图 2-2-13　门帘

十、检查乘客止步带

检查乘客止步带有无破损，接头是否完好，功能是否正常。

思考与练习

请简述乘务组需要检查的服务设备有哪些？

学习评价

序 号	评价标准	分 值	自评分	小组评分	教师评分
1	仪容、仪表符合职业规范	20分			
2	能正确检查服务设备	20分			
3	操作动作正确、流程规范	30分			
4	积极参与任务实施	10分			
5	整体模拟效果较好	20分			
合 计		100分			

项目三　迎接乘客

任务一 ｜ 礼仪规范

情境导入 ✍

　　乘客即将登机，乘务人员已到达指定位置，准备迎接。

任务分析 ✍

　　作为本次航班的乘务员，请完成以下任务：
　　保持符合标准的仪容、仪表，乘务员之间互相检查。

任务实施 ✍

礼仪规范

　　民航服务人员的仪容、仪表不仅代表了航空公司的企业形象，甚至还代表着国家的对外形象。

一、仪表规范

　　乘务员在迎接乘客时，身穿端庄、大方、得体、规范的服装更能体现乘务员的仪表美。

　　1. 女乘务员的仪表要求（图 3-1-1）

图 3-1-1　女乘务员仪表

（1）空中乘务员一律着裙装，衬衫必须扣好纽扣，下摆应塞进裙子里。

（2）制服干净，无油渍、斑点。

（3）丝巾整洁，系法规范、美观、位置正确，如图 3-1-2 所示。

（4）胸牌应佩戴在衣服的左胸处。

（5）皮鞋应保持光亮，鞋跟无破损。上下飞机时穿高跟鞋，在飞机上为乘客服务时可穿平底鞋。丝袜的颜色和款式统一，无抽丝、破损。

2. 男乘务员仪表要求（图 3-1-3）

图 3-1-2　丝巾的佩戴

图 3-1-3　男乘务员仪表

（1）衬衫必须扣好纽扣，下摆应扎进黑色皮带中，裤线要整齐。

（2）领带整洁，系法规范、美观，领结的位置正确。

（3）胸牌应佩戴在衣服的左胸处。

（4）皮鞋应保持光亮，鞋跟无破损。

二、仪容规范

乘务员在迎接乘客时，保持规范的仪容可以给乘客带来清新秀丽的感觉以及美的感受，同时也体现了航空公司的精神面貌。乘务员在注重着装的同时，也应重视发型、妆容、个人卫生等仪容规范。

1. 女乘务员仪容要求（图 3-1-4）

（1）头发干净、整洁，长发必须用发网盘好，保持光洁，如图 3-1-5 和图 3-1-6 所示。

（2）妆容均匀协调，整体美观和谐，口红颜色统一。

（3）避免过量地使用芳香型化妆品和浓郁的香水。

（4）保持手和指甲的清洁卫生，不留长指甲，不涂颜色艳丽的指甲油。

图 3-1-4　女乘务员仪容

图 3-1-5　长发盘好

图 3-1-6　头发干净、整洁

2. 男乘务员仪容要求（图 3-1-7）

图 3-1-7　男乘务员仪容

（1）头发干净、整洁，前不遮额，侧不遮耳，后不触领。

（2）不留胡须，鼻毛不外露。

（3）整体妆面清爽、衔接自然。

思考与练习

请简述乘务员的仪表、仪容要求。

学习评价

序 号	评价标准	分 值	自评分	小组评分	教师评分
1	仪表符合职业规范	20分			
2	仪容符合职业规范	20分			
3	能够正确检查其他乘务员的仪表、仪容	30分			
4	积极参与任务实施	10分			
5	整体模拟效果较好	20分			
合 计		100分			

任务二 | 引导入座

情境导入

乘客正在登机，乘务长和一名乘务员在前舱门处欢迎乘客登机。乘务长手持归零的计数器，根据乘客登机的顺序进行数客，最后核实确认。

任务分析

作为本次航班的乘务员，请完成以下任务：

（1）保持微笑，引导乘客入座；

（2）检查行李是否摆放规范。

任务实施

引导乘客入座的具体过程如下：

（1）当乘客进入客舱，乘务员应面带微笑，注视乘客的眼睛，15°鞠躬并主动问候，声音洪亮清晰："欢迎您登机，很高兴为您服务。"

（2）及时查看乘客登机牌上的座位号信息，根据座位号信息，用手为乘客指引具体方向："您好，您的座位是8排B座，请往这边走。"如图3-2-1所示。

图 3-2-1　指引方向

（3）乘务员还应提醒乘客："请看一下您的头顶上方，行李架凹槽处有座位号。"

（4）主动协助有需要的乘客将行李放置在行李架内，如图3-2-2所示。

图 3-2-2　放置行李

（5）乘务员要检查放置在座位下方的行李，行李不能超过挡板或影响乘客进出，如图 3-2-3 所示。

图 3-2-3　检查座椅下方的行李

（6）再次提醒乘客注意保管好自己的随身物品。

（7）待所有乘客坐下后，确认并检查行李箱中物品是否放置规范，行李箱门是否扣紧，如图 3-2-4 所示。

（8）任何行李均不能放置在紧急出口处及紧急设备存放处，如图 3-2-5 所示。如需调整行李，应在乘客视线范围内进行调整，行李调整好后，应口头再次向乘客明确其行李的具体位置。

图 3-2-4　检查行李架

图 3-2-5　紧急出口处不能放置行李

（9）乘务员还应检查过道，保障过道的畅通。

（10）乘务员要热情地向乘客介绍服务呼唤按钮、灯光按钮、挡板等服务设备，如图3-2-6所示。

图 3-2-6　介绍服务设备

思考与练习

请简述引导乘客入座的程序。

学习评价

序　号	评价标准	分　值	自评分	小组评分	教师评分
1	仪容、仪表符合职业规范	20分			
2	正确引导乘客入座	20分			
3	引导过程符合规范	30分			
4	积极参与任务实施	10分			
5	整体模拟效果较好	20分			
合　计		100分			

 **飞行阶段**

　　飞机起飞后即进入了飞行阶段，这是整个航行的关键时期。在飞行阶段，乘务员要完成的主要工作包括安全检查及演示、餐食服务、饮料服务以及特殊乘客的专项服务。

项目四　安全演示及检查

任务一｜安全检查

情境导入

乘客全部登机，人数核对无误，滑梯预位操作完毕，舱门已经关闭，飞机准备起飞。

任务分析

作为本次航班的乘务员，请完成以下任务：

完成所有的安全检查。

任务实施

客舱安全
检查

客舱安全检查主要包括飞机起飞前安全检查、飞机飞行中安全检查和飞机降落前安全检查。

一、飞机起飞前安全检查

飞机起飞前安全检查的主要内容如下：

（1）检查乘客的电子设备是否关闭，如图 4-1-1 所示。

图 4-1-1　检查电子设备

（2）检查乘客的安全带是否系好，如图 4-1-2 所示。

图 4-1-2　检查安全带

（3）提醒乘客调直座椅靠背、收起小桌板、打开遮光板，如图 4-1-3 至图 4-1-5 所示。

图 4-1-3　调直座椅靠背

图 4-1-4　收起小桌板

图 4-1-5　打开遮光板

（4）检查行李架是否扣紧，如图 4-1-6 所示。

（5）检查并确认紧急出口座位是否符合规定，如图 4-1-7 所示。

图 4-1-6　检查行李架　　　　　　　图 4-1-7　确认紧急出口

（6）检查机供品是否固定。

（7）调暗客舱灯光，乘务员回到执勤座位坐好，系好安全带和肩带，如图 4-1-8 所示。

图 4-1-8　回到执勤座位坐好

二、飞机飞行中安全检查

飞机飞行中安全检查的主要内容如下：

（1）在飞行过程中，确认乘客的行为及各种设施的使用符合规定，全程监控客舱、洗手间、紧急出口的安全。

（2）提醒乘客全程系好安全带。

（3）提醒乘客小心取拿行李，防止物品掉落，如图 4-1-9 所示。

图 4-1-9　小心取拿行李

（4）提供餐食服务时，摆放的热食不能叠得过高，以防碰倒烫伤乘客。

（5）餐车使用过程中注意安全，中途停放时一定要踩刹车固定，如图 4-1-10 所示。

（6）随时检查洗手间的使用情况，若发现有乘客吸烟，应按照规定对其进行处理，并仔细检查有无火灾隐患，如图 4-1-11 所示。

图 4-1-10　踩住刹车

图 4-1-11　检查洗手间

（7）时刻关注客舱安全，有可疑人员、异常声响和气味等及时报告机长。

三、飞机降落前安全检查

飞机降落前安全检查的主要内容如下：

（1）确认乘客的安全带是否系好。

（2）提醒乘客调直座椅靠背、收起小桌板、打开遮光板，如图 4-1-12 至 4-1-14 所示。

图 4-1-12　调直座椅

图 4-1-13　收起小桌板

图 4-1-14　打开遮光板

（3）将飞机上的所有帘子拉开系紧，如图 4-1-15 所示。

（4）检查行李架是否扣紧，确保紧急出口、走廊过道及机门旁无任何手提行李，如图 4-1-16 所示。

图 4-1-15　系好帘子

图 4-1-16　检查行李的摆放位置

图 4-1-17　回执勤岗位坐好

（5）确认儿童已系好安全带或由成人抱好。

（6）确认乘客关闭所有电子设备。

（7）检查乘客座椅处无饮料和餐具。

（8）调暗客舱灯光，乘务员回执勤岗位坐好，如图4-1-17所示。

知识拓展

飞机上为什么不能抽烟

在飞机上吸烟，可能会对飞行员产生影响。吸烟产生的有害成分可能导致飞行员的视力下降，从而对飞行安全产生极大的影响。

飞机上的可燃物、易燃物(如客舱内地板上的地毯,乘客随身携带的行李、衣物等)较多，在飞机上吸烟，极易引起火灾。飞机是一个密闭而狭小的空间，一旦起火会导致温度迅速升高，飞机内的气体也会迅速膨胀，极易造成爆炸。据国际民航组织统计，80%的机上火灾都是由于乘客在厕所吸烟，并将烟头随意丢弃引起的。

思考与练习

为什么在飞机起飞前和降落前乘客都要调直座椅靠背？

学习评价

序　号	得分标准	分　值	自评分	小组评分	教师评分
1	仪容、仪表符合职业规范	20分			
2	完成飞机起飞前的全部安全检查	20分			
3	完成飞机飞行中的全部安全检查	15分			
4	完成飞机降落前的全部安全检查	15分			
5	积极参与任务实施	10分			
6	整体模拟效果较好	20分			
合　计		100分			

任务二 | 安全演示

情境导入 ✎

舱门关闭，飞机即将起飞。此时客舱广播响起，乘务员进入客舱为乘客进行安全演示。广播："女士们、先生们，现在客舱乘务员向您介绍救生衣、氧气面罩、安全带的使用方法和紧急出口的位置……"

任务分析 ✎

作为本次航班的乘务员，请完成以下任务：

介绍安全用具的具体位置，并演示使用方法，动作统一标准。

相关知识 ✎

一、安全演示的个人准备

乘务员需确保制服干净整洁，妆容大方得体，右手拿救生衣放至身体右侧，左手拿其他演示物品，面带微笑站立于乘务员服务间。

二、安全演示的物品

● 救生衣（图 4-2-1）

颜色：黄色。

位置：座椅下面的口袋里面。

● 氧气面罩（图 4-2-2）

颜色：黄色。

位置：座椅上方。

● 安全带（图 4-2-3）

图 4-2-1 救生衣　　　　　　图 4-2-2 氧气面罩

位置：座椅上。

● 紧急出口

位置：客舱前部、中部、后部。

● 紧急照明指示灯

位置：客舱通道、客舱出口处。

● 安全须知卡

位置：座椅背后的口袋里。

图 4-2-3　安全带

任务实施

安全演示的具体步骤如下：

图 4-2-4　询问乘客

安全演示

1. 进入客舱

当广播响起时，乘务员开始进入客舱，面带微笑，分别站立于头等舱第一排、普通舱第一排、翼上出口和客舱倒数第二排的通道处。

2. 征询意见

面向乘客 45° 站立，询问乘客："女士／先生，请问我可以在您的小桌板上放置安全演示的用具吗？"如图 4-2-4 所示。

3. 放置物品

得到乘客允许后，方可放置物品，整理好物品后面带微笑站好。

4. 物品演示

（1）广播播放问候词："女士们，先生们，现在客舱乘务员向您介绍救生衣、氧气面罩、安全带的使用方法和紧急出口的位置。"

乘务员根据问候词的内容进行演示：

①当听到"现在"时，乘务员向客舱内所有乘客以 30° 鞠躬致意。

②当听到"救生衣"时，乘务员以右手小臂与大臂垂直的角度举起救生衣进行展示。

（2）广播播放救生衣广播词："救生衣在您的座椅下面的口袋里，使用时取出，经头部穿好。将带子从前向后扣好、系紧。然后打开充气阀门，但在客舱内不要充气。充气不足时，请将救生衣上部的两个人工充气管拉出，用嘴向里充气。"

乘务员根据救生衣广播词的内容进行演示：

①当听到"经"时，双手将救生衣头部的地方撑开并穿戴好，如图 4-2-5 所示。

②当听到"将"时，将救生衣下方的带子从后往前扣好系紧，如图 4-2-6 所示。注意：带子末端不能有掉落的部分。

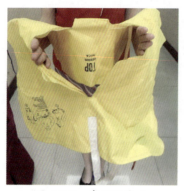

图 4-2-5　穿好救生衣

图 4-2-6　系紧带子

③当听到"打开"时，四指并拢，拇指分开双手掌心向外，两边虎口处卡住救生衣下部的红色拉环向下用力拉两次，如图 4-2-7 所示。

④当听到"救生衣"时，双臂上举至救生衣两侧。

⑤当听到"拉出"时，两手做"OK"手势，拉出红色吹气管，如图 4-2-8 所示。

⑥当听到"充"时，偏头，先右后左各进行一次吹气。

图 4-2-7　拉两次红色拉环

图 4-2-8　拉出红色吹气管

（3）广播播放氧气面罩广播词："氧气面罩储藏在您的座椅上方，发生紧急情况时面罩会自动脱落。氧气面罩脱落后，请用力向下拉面罩。将面罩罩在口鼻处，将带子套在头上进行正常呼吸。"

乘务员根据氧气面罩广播词的内容进行演示：

①乘务员将氧气面罩卷好握在右手中，当听到"储藏"时，将右手的氧气面罩拿至右侧行李架处，如图 4-2-9 所示。

②当听到"脱落"时，松开氧气面罩，使其下落约 10 厘米，如图 4-2-10 所示。注意：不能掉落在乘客头上。

③当听到"拉"时，右手不动，左手拉动氧气面罩两次。

图 4-2-9　指示储藏位置

图 4-2-10　放下氧气面罩

④当听到"罩"时，右手将氧气面罩罩在口鼻处，如图 4-2-11 所示。

⑤当听到"套"时，左手呈"爪"状将带子撑开，左手背做将带子套在头上的动作，左右各一次，如图 4-2-12 所示。注意：不能遮挡脸部。

图 4-2-11　罩在口鼻处

图 4-2-12　套上氧气面罩

（4）广播播放安全带广播词："在您座椅上有两条可以对扣起来的安全带，将带子插进带扣，然后拉紧扣好。当您入座时，请您系好安全带。"

乘务员根据安全带广播词的内容进行演示：

①双手四指并拢，拇指分开，将安全带两头分别拿在左右手中（左手拿插片，右手拿锁扣），自然放在身前，如图 4-2-13 所示。

②当听到"两条"时，掌心向上，托起安全带至胸前方与肩同宽，如图 4-2-14 所示。

③当听到"插"时，将安全带两端对准。

④当听到"扣好"时，将安全带扣好。四指并拢，指尖朝下，捏住拉紧的安全带向乘客展示，如图 4-2-15 所示。

（5）广播播放应急出口广播词："本架飞机共有 8 个紧急出口，分别位于前部、后部、中部。请不要随意拉动紧急出口的开启手柄。"

图 4-2-13　左手拿插片，右手拿锁扣

图 4-2-14　托起安全带

图 4-2-15　拉紧安全带

图 4-2-16　指示前部紧急出口
的位置

乘务员根据紧急出口广播词的内容进行演示：

①当听到"前"时，双臂抬起放于耳朵两侧，五指并拢，手指经过耳部指向机头方向，如图 4-2-16 所示。

②当听到"后"时，双臂抬起放于耳朵两侧，五指并拢，手指经过耳部指向机尾方向。

③当听到"中"时，双臂抬起放于耳朵两侧，五指并拢，手指经过耳部指向机头方向再向左右两侧打开，如图 4-2-17 所示。注意：只是手掌动，手臂不动。

（6）广播播放紧急照明指示灯广播词："在客舱通道及出口处还有紧急照明指示灯，在紧急撤离时，请按指示路线撤离。"

乘务员根据紧急照明指示灯广播词的内容进行演示：

当听到"紧急"时，右脚向前一小步，右臂向前伸，手掌沿指示灯路径由前向后划动（向前 30°，向后 15°），如图 4-2-18 所示。

图 4-2-17　指示中部紧急出口的
　　　　　　位置

图 4-2-18　划动手臂

（7）广播播放安全说明书广播词："在您座椅背后的口袋里备有安全说明书，请您尽早阅读。"

乘务员根据安全说明书广播词的内容进行演示：

当听到"说明"时，右手拿安全须知卡右下方约 1/3 处，并举至正前方（不能遮住脸），先左后右各向乘客展示一次，如图 4-2-19 所示。

（8）致谢退场。

①女乘务员横拿安全须知卡向乘客 45° 鞠躬致谢，如图 4-2-20 所示。

②男乘务员双手放于两侧以标准式站姿向乘客 45° 鞠躬致谢。

③整理安全演示用具，全体乘务员整齐退场至服务间。

图 4-2-19　展示安全须知卡

图 4-2-20　鞠躬致谢

知识拓展 ✈

安全演示广播词的范例

　　女士们，先生们，现在客舱乘务员向您介绍救生衣、氧气面罩、安全带的使用方法和紧急出口的位置。

　　救生衣在您的座椅下面的口袋里，使用时取出，经头部穿好。将带子从前向后扣好、系紧。然后打开充气阀门，但在客舱内不要充气。充气不足时，请将救生衣上部的两个人工充气管拉出，用嘴向里充气。

　　氧气面罩储藏在您的座椅上方，发生紧急情况时面罩会自动脱落。氧气面罩脱落后，请用力向下拉面罩。将面罩罩在口鼻处，将带子套在头上进行正常呼吸。

　　在您座椅上有两条可以对扣起来的安全带，将带子插进带扣，然后拉紧扣好。当您入座时，请您系好安全带。

　　本架飞机共有8个紧急出口，分别位于前部、中部和后部。请不要随意拉动紧急出口的手柄。

　　在客舱通道及出口处还有紧急照明指示灯，在紧急撤离时，请按指示路线撤离。

　　在您座椅背后的口袋里备有安全说明书，请您尽早阅读。

思考与练习 ✎

　　（1）搜索深圳航空推出的"萌娃版"安全演示的视频资料。

　　（2）搜索红土航空推出的"最炫酷版"安全演示的视频资料。

学习评价 ✎

序　号	评价标准	分　值	自评分	小组评分	教师评分
1	仪容、仪表符合职业规范	20分			
2	物品准备齐全，便于演示	10分			
3	演示动作规范、连贯，表情富有亲和力	40分			
4	积极参与任务实施	10分			
5	整体模拟效果较好	20分			
合　计		100分			

项目五　餐食服务

任务一｜准备餐食

情境导入

广播："女士们、先生们，我们的飞机已经进入平飞阶段，我们精心为您准备了午餐，稍后我们将为您提供餐食服务，请您在座位上耐心等候。"

任务分析

根据需要，几人组成一个乘务组后，请完成以下任务：

按照各自的岗位分工烘烤、摆放餐食。

任务实施

一、烘烤餐食

烘烤餐食的步骤如下：

（1）首先进入后舱厨房，重点检查烤箱、水箱的指示灯是否正常，有无漏电、漏水情况，如图 5-1-1 所示。

（2）打开烤箱检查确认烤箱内没有异物（纸屑、保鲜膜、大量油渍等）。

烘烤餐食

图 5-1-1　检查烤箱运行情况

（3）确认设备运行正常后，开始烘烤餐食。应该使用中温进行烘烤，各种餐食的具体烘烤时间如下：

粥、西点（炒蛋、煎蛋）烘烤 15~20 分钟；

面条、米饭烘烤 20~25 分钟；

点心（面包、蛋糕、中点）烘烤 10~12 分钟；

肉夹馍、汤类烘烤 10~15 分钟。

（4）烘烤餐食 3~5 分钟后，厨房乘务员用手背触碰烤箱门，测试烤箱门的温度，若发现烤箱工作温度不正常，应及时更换烤箱。

（5）烘烤餐食结束后，检查确认餐食受热是否均匀（瓷盘底部、热食盒外侧），温度是否适中。餐食受热不均或未烤热，应继续烘烤。

图 5-1-2　摆放餐食

二、摆放餐食

餐食的摆放要求如下：

热食摆放：热食摆放在铺有垫纸的餐车台面上，摆放不超过 5 层，品种均衡，餐盒（盘）放于餐车内，如图 5-1-2 所示。

冷盘及餐具摆放：冷盘餐具放入餐盘中，然后将餐盘放于餐车内部。

小食品摆放：提前将小食品整齐摆放在透明塑料抽屉内，放置在餐车台面上，并准备与乘客人数相当的湿纸巾。

思考与练习

如果后舱乘务员在准备餐食时，没有对烤箱内物品进行检查确认，导致在烘烤餐食时发生火灾，此时，后舱乘务员应该怎么做？

学习评价

序　号	评价标准	分　值	自评分	小组评分	教师评分
1	仪容、仪表符合职业规范	20 分			
2	烘烤餐食的操作符合规范	20 分			
3	餐食摆放符合规范	30 分			
4	积极参与任务实施	10 分			
5	整体模拟效果较好	20 分			
合　计		100 分			

任务二 | 提供餐食

情境导入

广插："女士们、先生们，现在我们将为您提供餐食，请您放下小桌板，为方便其他乘客，请您调直座椅靠背。哪位乘客预订了特殊餐食，请按呼唤铃与乘务员联系。餐后还将继续为您提供饮料，欢迎您选用，谢谢。"

任务分析

根据需要，几人组成一个乘务组后，请完成以下任务：

（1）合理推拉餐车；

（2）询问乘客，拿取、递送餐食，回收餐具。

任务实施

为乘客提供餐食服务的具体过程如下：

1. 推拉餐车

餐车位于客舱厨房内，推拉餐车由两个乘务员完成，位于餐车前方的乘务员呈拉餐车的姿势，五指并拢抓住餐车的扶手，如图 5-2-1 所示；位于餐车后方的乘务员呈推餐车的姿势，五指并拢扶在车上方的两侧，如图 5-2-2 所示。推拉餐车的过程中要提醒乘客："餐车经过，小心脚下。"

餐食服务

一般推拉出两辆餐车，第一辆餐车从经济舱第一排开始发餐，第二辆餐车从安全出口位置开始发餐。

图 5-2-1 拉餐车

图 5-2-2 推餐车

友情提示

推拉餐车时，双臂不得撑在餐车上方。

2. 询问乘客

乘务员 45° 面向乘客，面带微笑，主动询问："女士（先生），我们今天为您准备了鸡肉米饭和牛肉面条，请问您需要哪一种？"

3. 拿取餐食

拿取餐食时一定要记得踩下餐车的刹车，由下至上依次抽取餐盘，将餐车上的热食放于餐盘正中，如图 5-2-3 所示。

图 5-2-3　拿取餐食

4. 递送餐食

（1）发餐时，面向乘客，按从前至后、先里后外的顺序递送餐食，左手递送给左侧的乘客（图 5-2-4），右手递送给右侧的乘客（图 5-2-5），避免手臂交叉。

图 5-2-4　左手递送　　　　　　　图 5-2-5　右手递送

（2）将餐盘递送给乘客的同时，亲切地告诉乘客："这是您的鸡肉米饭 / 牛肉面条，请慢用。"

5. 回收餐具

用空餐车回收餐具，餐车顶部放一个大托盘或塑料抽屉，用来放空的杯子和未使用的物品。回收餐食时，乘务员 45° 面向乘客，面带微笑询问："女士（先生），您是否还需要继续用餐。"若乘客不需要继续用餐，将乘客用完的餐盒叠放好放入餐车内，用过的餐盘从上往下逐个摆放，如图 5-2-6 所示。

图 5-2-6 回收餐盒

1. 特殊餐食的种类及代码

特殊餐食的种类及代码见表 5-2-1。

表 5-2-1 特殊餐食的种类及代码对照表

种　类	代　码	种　类	代　码
全素食（无奶蛋）	VGML	犹太餐	KSML
西式素食	VLML	清真餐	MOML
印度教餐	HNML	糖尿病餐	DBML
儿童餐	GHML	溃疡餐	ULML
婴儿餐	BBML	胃溃疡餐	BLML
低脂肪餐	LFML	海鲜餐	SFML
低热量餐	LCML	生蔬果餐	RVML
低盐、无盐餐	LSML	高纤维餐	HFML

2. 特殊餐食服务

1）素食餐

可食用：以植物类食物为主，如蔬菜、水果、植物性奶油等。

不可食用：肉类、鱼类及任何动物类食品。

注意：西式素食不含乳制品。

2）清真餐

可食用：牛肉、羊肉、鱼肉、海鲜、米饭等，软饮一般是茶或咖啡。

不可食用：任何猪肉或者猪肉的制成品，含酒精成分的饮料。

3）犹太餐

可食用：一种包装密封的套餐，加温前由乘客亲自检查其完整性，盒装的热食加热后也由乘客本人打开食用。

不可食用：任何形式的猪肉及其制成品、无鳞的鱼。

注意：犹太餐是依据犹太教教规在特殊厨房，并在犹太教教士的严格监督下制作的。

4）印度教餐

可食用：咖喱羊肉或一切素食。

不可食用：牛肉及其制成品。

注意：在送餐时禁止用左手。

5）儿童餐

儿童餐适合10个月以上的儿童，孩子喜爱的食品有比萨、蛋糕、巧克力等。在提供甜品时，可与家长沟通。

6）婴儿餐

婴儿餐适宜10个月以下的婴儿，在提供婴儿餐时，事先展示给家长看，在得到家长的确认后，再予以提供。

7）糖尿病餐

糖尿病餐可少量提供面包、米饭、面条等，同时可提供低脂肪含量的饮料、菜。

友情提示

乘客如需订购特殊餐食，必须在飞机起飞前24小时预订。送上飞机的特殊餐食要有明显的标记，在供餐时先于其他乘客提供。

思考与练习

若在执行航班任务时，遇到一位信仰伊斯兰教的乘客，但乘客并没有提前订购清真餐食，乘务员应该怎么办？

学习评价

序　号	评价标准	分　值	自评分	小组评分	教师评分
1	仪容、仪表符合职业规范	20分			
2	餐食服务的动作符合规范	30分			
3	熟记特殊餐食的种类及代码	20分			
4	积极参与任务实施	10分			
5	整体模拟效果较好	20分			
合　计		100分			

项目六　饮料服务

任务一｜准备饮料

情境导入

广播："女士们、先生们，稍后我们将为您提供饮料服务，请您在座位上耐心等候。"

任务分析

根据需要，几人组成一个乘务组后，请完成以下任务：

（1）准备本次航班的饮料；

（2）正确布置水车。

任务实施

一、准备饮料

1. 准备热饮

● 咖啡（图 6-1-1）

图 6-1-1　咖啡

类别：黑咖啡、奶咖啡、奶糖咖啡、冰咖啡。

面向群体：年轻的乘客较为喜欢。

不适宜人群：失眠者、神经衰弱者、婴幼儿、孕妇等。

冲泡咖啡的方法：

（1）将咖啡壶或热水壶接热水至七分满。

（2）将一袋速溶咖啡倒入壶内，搅拌均匀，如图 6-1-2 所示。

图 6-1-2　冲泡咖啡

图 6-1-3　提供糖包

（3）在服务时将咖啡伴侣、糖包提供给乘客自行添加，如图 6-1-3 所示。

友情提示

个别航空公司会要求加入适量矿泉水，以调节咖啡温度。

● 茶（图 6-1-4）

分类：红茶、绿茶、花茶。

面向群体：青年、中老年乘客。

不适宜人群：孕妇、胃溃疡病人及胃酸过多者、动脉硬化及高血压患者、失眠者、神经衰弱者、贫血患者、发烧患者等。

冲泡热茶的方法：

（1）将热水注入茶壶或热水壶至七分满。

（2）将茶包放入壶内（减少气泡的产生），如图 6-1-5 所示。

（3）等茶水色泽适度时，用夹子将茶包夹出即可。

图 6-1-4　茶

图 6-1-5　将茶包放入壶内

友情提示

（1）当茶包有破损时立即停止使用；

（2）茶包冲泡次数为 2 ～ 3 次；

（3）个别航空公司会要求加入适量矿泉水，以调节茶水温度。

2. 准备冷饮

● 矿泉水

分类：有汽的水、无汽的水。

面向群体：多数乘客。

不适宜人群：肝脏功能不健全者或结石病人。

●果汁

分类：橙汁、水蜜桃汁、椰子汁等。

面向群体：多数乘客。

●碳酸饮料

分类：可乐、雪碧等。

面向群体：多数乘客。

不适宜人群：失眠者、神经衰弱者、婴幼儿、孕妇等。

二、布置水车

（1）将水车车垫或水车布平铺在水车台面上。

（2）将透明饮料托摆放在水车台面的中部位置。

（3）将各类饮料、纸杯、塑料杯、搅拌棒等放入透明饮料托中。

（4）将咖啡壶、茶壶以及冰桶分别摆放在水车台面两侧。

（5）将冰块、冰夹放入冰桶内。

（6）将备用饮料、用具放入水车内部。

（7）待水车摆放完毕后，关闭水车门并扣好，最终效果如图 6-1-6 所示。

图 6-1-6　布置水车

友情提示

　　（1）摆放饮料时，盒装饮料需放于饮料托的两侧，塑料装饮料放于饮料托的中部；

　　（2）所有饮料的标签均需要朝向乘客；

　　（3）取用纸杯前需要从底部拆除包装，将纸杯倒扣在透明饮料托内，高度不超过车上最大瓶饮料的高度；

　　（4）矿泉水尽量在服务间先行拧开，并倒掉少许。

知识拓展

为头等舱乘客提供饮料单（以四川航空为例）

为头等舱乘客提供饮料单的要点如下：

（1）提供饮料单前，客舱乘务员应先检查饮料单，确保干净、整洁，无污渍、卷边、破损等情况，确保使用的饮料单与航线相符。

（2）客舱乘务员将饮料单竖直合封拿出，封面朝向乘客。两手手臂稍微弯曲，左手四指弯曲拖住饮料单底部左侧边缘，拇指藏于饮料单后，尽量不露出手指。右手手心朝上，拇指卡于饮料单中，四指扶上部并藏于饮料单后，同时避免饮料单与身体接触。

（3）递予乘客时，使用标准语言，提前展开饮料单，双手呈上供乘客选择，如实际配送的饮料与饮料单不符（饮料单有但未配送，或饮料单上未注明但实际配送），应提前主动向乘客介绍。

思考与练习

为什么布置水车的时候要求乘务员将所有饮料的标签朝向乘客？

学习评价

序　号	评价标准	分　值	自评分	小组评分	教师评分
1	仪容、仪表符合职业规范	20分			
2	饮料准备充分，无遗漏	20分			
3	水车布置方式正确	30分			
4	积极参与任务实施	10分			
5	整体模拟效果较好	20分			
	合　计	100分			

任务二 | 提供饮料

情境导入

广播："女士们、先生们，客舱乘务员将为您提供各种饮料，请放下小桌板，调直座椅靠背，谢谢合作。"

任务分析 ✐

根据需要，几人组成一个乘务组后，请完成以下任务：

（1）为乘客提供冷、热饮服务；

（2）回收饮料用具。

任务实施 ✐

一、推拉饮料车

饮料服务

通常，由两位乘务员推拉饮料车，从客舱后厨房出发走到客舱前部完成对乘客的客舱饮料服务。

（1）先走出后厨房的乘务员负责拉饮料车，双手手掌握住饮料车把手中间部位向客舱前部拉动，如图 6-2-1 所示。

图 6-2-1　拉饮料车

（2）后方乘务员负责推动饮料车，大拇指扣在车内侧，其余四指并拢扶在饮料车两侧，如图 6-2-2 所示。

图 6-2-2　推饮料车

友情提示

（1）掌握好饮料车前进的方向，速度适宜，同时口头提醒乘客注意安全；

（2）拉饮料车的乘务员须特别注意脚下的重心、身后的障碍物等；

（3）推饮料车的乘务员两臂不得撑在车上。

二、询问乘客

乘务员 45° 面向乘客，身体略向前倾，面带微笑，目光注视乘客，使用标准语言，主动介绍饮料品种："女士／先生，您好，我们为您准备了七喜、可乐、橙汁、番茄汁、咖啡、绿茶，请问您需要喝点什么？"每排按先女后男的顺序逐一询问，并逐一给予乘客回应："好的。"

三、拿取饮料及相关物品

（1）从饮料车上拿取饮料杯时，要拿到距离饮料杯底部的 1/3 处，如图 6-2-3 所示。

（2）盒装果汁摇晃均匀后再打开。

（3）开启带气饮料前，不要摇晃，应借助小毛巾盖住饮料瓶瓶口后打开，以防气泡外溢，如图 6-2-4 所示。

图 6-2-3　拿饮料杯

图 6-2-4　用毛巾盖住带气饮料瓶瓶口

四、倾倒饮料

（1）装冷饮使用塑料杯，乘务员应主动询问乘客是否需要冰块（酒类除外）；倾倒饮料时，乘务员后退半步，上身略向前倾，夹紧手臂，壶嘴朝向饮料车进行倾倒，如图 6-2-5 所示。

（2）装热饮使用纸杯，杯子倾斜 45°，用小毛巾托住纸杯，低于饮料车高度倾倒饮料至七分满，如图 6-2-6 所示。

图 6-2-5　倾倒冷饮

图 6-2-6　倾倒热饮

友情提示

　　给儿童乘客倒饮料时，倒至杯子的五成；倒好后交与其监护人，尽量避免直接递给儿童乘客。

五、递送饮料

　　（1）面向乘客，左手递送给左侧的乘客，右手递送给右侧的乘客，将饮料稳妥安全地提供给乘客："女士/先生，您的××，请拿好/请慢用/小心烫手/稍微有点满，请当心。"如图 6-2-7 所示。

　　（2）按照从前到后、从里到外、先女宾后男宾的顺序递送饮料。

友情提示

　　注意与乘客的眼神交流，确认乘客接拿稳妥。

图 6-2-7 递送饮料

六、使用小托盘单独提供饮料

乘务员在普通舱回收垃圾后，距离航班落地时间还大于 40 分钟时，按程序应使用小托盘和热饮壶为乘客添加茶水或咖啡，以提供单独的添加饮料服务，并按每 30 分钟添加一次的频率执行。除此之外，带班乘务长可根据实际情况增加单独提供饮料服务的次数。

使用小托盘、热饮壶单独为乘客添加茶水或咖啡时，应使用铺有干净垫纸的小托盘；提前准备好水杯，杯口向下，数量不超过 15 个，放于小托盘左下角，热饮壶放于小托盘右下角，如图 6-2-8 所示。倒饮料时，壶口对准通道进行倾倒；递送饮料时，要特别小心，防止漏洒。

友情提示

> 如乘客自行拿取，应做好提醒。

图 6-2-8 使用托盘添加饮料

七、回收饮料用具

（1）乘务员面向乘客，左手收回左侧乘客的饮料用具，右手收回右侧乘客的饮料用具，避免手臂交叉。

（2）按照从前到后、从外到里、先女宾后男宾的顺序收回剩余的饮料及相关用具。

（3）用随身携带的小毛巾及时擦拭乘客的小桌板，主动协助乘客收起小桌板。

（4）回收的饮具应及时清理（倒掉剩余饮料、茶叶等），并分类存放，避免与干净的饮具接触。

友情提示

> 不要超过 5 个杯子摆放于餐车或托盘上。

知识拓展 ✈

图 6-2-9 端托盘

端托盘的动作要领

　　拇指扶在盘子的外沿，四指并拢托住盘子的下部；大臂、小臂呈90°夹紧，竖向端托盘；重物靠近身体一侧摆放，端托盘的高度不得高于乘客肩膀，如图 6-2-9 所示。

图 6-2-10 拿托盘

拿托盘的动作要领

　　托盘面朝里，与地面垂直，竖直自然地放在身体一侧，如图 6-2-10 所示；在客舱通道转身时，需转身体，不可以转托盘。

思考与练习 ✎

　　在为乘客递送饮料时，不慎将饮料洒在乘客的衣服上，作为客舱乘务员该如何处理这一事件？在今后的服务工作中应如何避免类似事件的发生？请写一篇不少于200字的心得体会。

学习评价 ✎

序　号	评价标准	分　值	自评分	小组评分	教师评分
1	仪容、仪表符合职业规范	20分			
2	推拉饮料车、提供饮料的操作规范	20分			
3	使用小托盘单独提供饮料的操作规范	30分			
4	积极参与任务实施	10分			
5	整体模拟效果较好	20分			
合　计		100分			

项目七 服务特殊乘客

任务一 服务孕妇乘客

情境导入

乘务员小张保持正确的站姿在前舱门处，面带微笑，等待乘客登机，迎面走来一位携带行李的孕妇，观察孕妇的肚子后，凭经验判断孕妇已过怀孕初期。

任务分析

根据需要，几人组成一个乘务组后，请完成以下任务：

为孕妇乘客提供舒适满意的乘机服务。

相关知识

航空公司关于孕妇搭乘飞机的相关规定：

（1）怀孕不足 8 个月（32 周）的健康孕妇，可以按一般乘客运输。需要带好围产期证明，证明自己孕期在 32 周以内。

（2）怀孕不足 8 个月且医生诊断不适宜乘机者，航空公司一般不予接受运输。

（3）怀孕超过 8 个月不足 9 个月（36 周）的健康孕妇乘机，应提供医生出具的《诊断证明书》，具体内容：乘客姓名、年龄、怀孕时期、预产期、航程和日期、是否适宜乘机、在机上是否需要提供其他特殊照料等。《诊断证明书》应在乘客乘机前 72 小时内填开（一式二份），并经县级（含）以上的医院盖章和该院医生签字方能生效；否则承运人有权不予承运。

（4）怀孕超过 9 个月（36 周），预产期在 4 周以内，或预产期不确定但已知为多胎分娩或预计有分娩并发症者，航空公司不予接受运输。

（5）产后不足 7 天者，不予运输。

任务实施

为孕妇乘客提供的服务如下：

（1）孕妇登机时，乘务员主动上前协助孕妇入座到便于乘务员照料的座位，也可按孕妇要求进行安排，但不得安排在出口座位。

（2）提供毛毯或枕头，帮助孕妇系安全带于大腿根部，不要系得过紧，并告知解开的办法，如图 7-1-1 所示。

图 7-1-1　系好安全带

（3）帮助孕妇安放行李，主动介绍机内设备，如小桌板、呼唤铃、通风器、卫生间的位置和使用方法。

（4）了解孕妇的妊娠期，介绍乘机规定。

（5）在供应餐食时，为孕妇提供清淡食品并作介绍。

（6）下机时主动为孕妇拿行李，建议孕妇后下机，如图 7-1-2 所示。

图 7-1-2　主动提行李

思考与练习 ✎

请说出航空公司不予运输的孕妇乘客范围。

学习评价 ✎

序　号	得分标准	分　值	自评分	小组评分	教师评分
1	仪容、仪表符合职业规范	20分			
2	主动热情地为孕妇提供行李、安全带、餐食等方面的服务	30分			
3	介绍设施设备、乘机规定，提醒孕妇注意安全	20分			
4	积极参与任务实施	10分			
5	整体模拟效果较好	20分			
合　计		100分			

任务二｜服务无人陪伴儿童

情境导入 ✎

乘务员小李正在准备明天的飞行资料，查看航空公司网站的乘客信息时得知明天飞往北京的航班有3位无人陪伴儿童（UM），而小李正好是王瀚宇小朋友（8岁，女孩，飞往北京探望姑姑，姑姑联系方式是××××）的责任乘务员。

任务分析 ✎

根据需要，几人组成一个乘务组后，请完成以下任务：
为无人陪伴儿童提供一次愉快的飞行体验。

相关知识 ✎

"无人陪伴儿童"是指年龄在5~12周岁的无成人陪伴、单独乘机的儿童。
家长可以为单独乘机的儿童办理儿童无陪护手续，也就是通常所说的"儿童托运"。

友情提示 💡

如果孩子年满12周岁但未满18周岁，也可自愿申请无成人陪伴儿童服务。目前，航空公司不承办联程航班的无成人陪伴儿童业务。

1. 收费及手续

在国际及地区航线上，为孩子申请无成人陪伴儿童服务，须交纳无成人陪伴服务费。单程直达运输费用为人民币 260 元或等值货币。

有些航空公司对办理无成人陪伴儿童手续在时间上有限制，如要求在航班起飞前一个星期提出申请，有的航空公司要求在航班起飞前三天提出申请。

2. 准备材料

儿童乘机时须持有效旅行证件、《无成人陪伴儿童运输申请书》以及客票、收费单等。家长应将文件和证件一并装入文件袋内，挂于儿童的胸前，与乘务员办理交接手续。

家长在为单独乘机旅行的儿童申请无成人陪伴服务时，须提供家长本人的身份证件以及儿童的有效证件，同时应准确提供送机人和接领人的姓名、住址、联系电话，以便乘务员与送机人、接领人保持联络。

3. 运载限制

不同的机型对于航班的无人陪伴儿童的数量有不同的限制，如 A321 机型的限制为 4 人，A320 机型的限制为 3 人，A319 机型的限制为 2 人，A330 机型的限制为 6 人。

任务实施

为无人陪伴儿童提供的服务如下：

（1）乘务员与地面工作人员交接资料袋信息，资料袋信息包括机票、登机牌、户口本或身份证、护照、运输申请书、接送人姓名及联系方式等。

（2）了解儿童的身体情况、生活习惯、日常爱好、携带物品及家长提出的特殊要求。

（3）安排儿童坐在乘务员便于照顾的位置，不得安排在出口位置。

（4）帮助儿童系好安全带，放置行李，如图 7-2-1 所示。

图 7-2-1　系好安全带

（5）告知儿童远离厨房，不得在客舱内嬉戏打闹、奔跑等。

（6）为儿童提供儿童读物或玩具，如图 7-2-2 所示。

（7）提供餐食时，帮助年龄较小的儿童打开餐盒，还可以帮助分餐，不能独立进食者还需提供喂食服务。

（8）时刻关注儿童是否有不适应或不舒服的情况，根据冷暖为其增减衣服，每隔一段时间询问儿童有何需求，如图 7-2-3 所示 。

图 7-2-2　提供读物

图 7-2-3　提供毛毯

（9）在飞机起飞、降落和发生颠簸时，叫醒正在睡觉的儿童，妥善照顾。

（10）降落前帮助儿童整理行李，提醒儿童降落后不得擅自离开。

（11）飞机降落后，无人陪伴儿童应先下机，由区域乘务员将儿童及随身物品与带班乘务长交接，带班乘务长带其与地面人员签字交接。

友情提示

（1）为儿童提供优先服务，先上飞机，先下飞机。

（2）不向儿童介绍服务设备。

（3）在提供餐食服务时，注意不得配备过于锋利或可能对其造成伤害的器具。

（4）提供饮料时，不可过烫、过满，半杯为宜，尽量为其提供果汁。

（5）无人陪伴儿童为聋哑乘客时，可采用手语或书写方式交流。

（6）如遇航班延误，航空公司应有专人妥善照料儿童，安排膳宿和后续运输，并将运输的变动情况通知儿童的接领人和相关航站。如遇航班取消，航空公司应和送机人取得联系，将孩子安全地交还。

思考与练习 ✐

请说出无人陪伴儿童的定义。

学习评价 ✐

序　号	得分标准	分　值	自评分	小组评分	教师评分
1	仪容、仪表符合职业规范	20 分			
2	为儿童提供行李、安全带等方面的服务，时刻关注儿童的需求	25 分			
3	为儿童提供适合的饮料、餐食	25 分			
4	积极参与任务实施	10 分			
5	整体模拟效果较好	20 分			
合　计		100 分			

任务三 | 服务婴儿乘客

情境导入 ✐

乘客正在陆续登机，此时走来一位怀抱婴儿的乘客。

任务分析 ✐

根据需要，几人组成一个乘务组后，请完成以下任务：
为带婴儿的乘客提供满意的服务。

相关知识 ✐

婴儿乘客是指出生 14 天至 2 周岁（不包括 2 周岁）的婴儿，必须有成年乘客陪伴方可乘机，不单独占用座位。相连的同一排座位上都有乘客时，不得同时出现两个不占座的婴儿；如须单独占座，应购买儿童票。带婴儿的乘客不得坐于应急出口座位。

任务实施 ✐

为带婴儿的乘客提供的服务如下：

服务婴儿
乘客

（1）帮助带婴儿的乘客提拿随身携带的物品并妥善安放，如图 7-3-1 所示。

（2）为带婴儿的乘客安排座位，帮助其系上安全带，提醒乘客保持婴儿头部朝向内侧，腿朝向通道，避免碰撞，如图 7-3-2 所示。

图 7-3-1　帮助提拿行李　　　　　图 7-3-2　调整婴儿抱姿

（3）安排座位后主动为乘客提供毛毯、小毛巾、湿纸巾等，提醒乘客在飞机起飞、降落和发生颠簸时保护好婴儿。

（4）主动介绍服务设备的使用方法，特别是通风口和厕所的位置以及呼唤铃、婴儿辅助板的使用方法。

（5）向乘客征询和了解婴儿的喂食时间、食量，若机上备有婴儿餐或者乘客已预订了婴儿餐则根据乘客需要提供餐食。

（6）若乘客需要冲泡奶粉，询问是否需要加水、兑奶或帮助乘客冲泡，如图 7-3-3 所示。

（7）当乘客需要上洗手间时，乘务员暂时帮助抱婴儿；若乘客需要为婴儿更换尿不湿时，可协助乘客完成。

（8）当听到婴儿有哭泣声时，乘务员应第一时间

图 7-3-3　冲泡奶粉

前去查看，为乘客提供相应服务及所需物品。

（9）飞机降落前，告诉乘客唤醒睡眠中的婴儿，同时帮助乘客收拾随身物品。

友情提示

在飞行过程中，每隔一段时间询问乘客有无需要，但不得过多打扰乘客。

知识拓展

一、冲泡奶粉的方法

冲泡奶粉的方法如下：

（1）提前将整个奶瓶消毒。

（2）在冲泡奶粉前，要将双手洗干净。

（3）把沸腾的开水冷却至40℃左右，然后马上将水注入奶瓶中。注意：冲泡奶粉时，一定要先加水，再放奶粉，这样才能保证浓度适宜，让婴儿的肠胃消化功能和肾脏排泄功能得到很好的保护。

（4）用奶粉附带的量匙盛满、刮平奶粉后，倒入奶瓶中。注意：冲泡前要阅读奶粉罐上的说明，不要自行增加奶粉或冲泡的水量。

（5）奶粉添加完毕后，摇晃奶瓶使奶粉溶解。注意：摇晃奶瓶时不要太过用力，切记不要上下摇晃，以免奶瓶中形成气泡。

（6）最后可以用手腕的内侧感觉奶粉温度是否合适，温热的感觉是最好的。

二、婴儿的正确抱姿

1—2个月：

横抱或半卧位（头高脚低）抱
婴儿颈部力量很弱，还无法支撑自己的头，抱起和放下婴儿的过程中，应注意始终扶着婴儿的头部。

3—5个月：

半卧位抱或竖抱
此时宝宝头能初步竖立了。但颈、背部肌肉的支持力还不够，可逐渐由半卧位抱变到竖抱。竖抱时间的长短根据宝宝的接受程度决定。

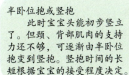

竖抱时，可以让婴儿面朝成人坐在成人的一只前臂上，背和头靠在成人胸部，另一手托着婴儿的臀部，面朝前。
宝宝在四五个月时头竖立得已经很好，就可以竖着抱宝宝了。

6个月以上：

醒时可以向外竖抱。

困倦时躺在妈妈的臂弯里。

情绪不好时可以面向里竖抱。

思考与练习

为什么要求乘客怀抱婴儿时要将婴儿的头部朝里、脚朝过道？

学习评价

序 号	得分标准	分 值	自评分	小组评分	教师评分
1	仪容、仪表符合职业规范	20分			
2	主动热情地为乘客提供行李、安全带等方面的服务	20分			
3	帮助乘客冲泡奶粉，会正确抱婴儿	30分			
4	积极参与任务实施	10分			
5	整体模拟效果较好	20分			
合 计		100分			

任务四 | 服务伤残乘客

情境导入

乘务员小李开始为乘客提供餐食服务，当走到座位30C处询问乘客时，发现不能正常使用语言与乘客交流，小李立即反应过来，该乘客为聋哑乘客。

任务分析

根据需要，几人组成一个乘务组后，请完成以下任务：

（1）为聋哑乘客提供乘机任务；

（2）为其他伤残乘客提供乘机服务。

相关知识

客舱常见的伤残乘客主要是指聋哑乘客、盲人乘客、担架乘客和轮椅乘客。注意：轮椅乘客不一定是残疾乘客。

残疾乘客：航班座位数为 51~100 个时，载运无人陪伴、但需他人协助的残疾乘客的人数不得超过 2 名（含 2 名）；航班座位数为 101~200 个时，不得超过 4 名（含 4 名）；航班座位数为 201~400 个时，不得超过 6 名（含 6 名）；航班座位数为 400 个以上时，不得超过 8 名（含 8 名）。

轮椅乘客：每个航班的每一航段限载 2 名。

担架乘客：每架飞机每天承运总数不得超过 3 名，每个航班只承运 1 名。担架乘客订座国内航班不得迟于航班起飞前 48 小时，订座国际航班不得迟于起飞前 72 小时。

使用担架免责规定：大部分航空公司都会与被运送人和护送人签署协议，协议包括在紧急撤离中不得先于其他乘客，且最后撤离出现的问题均不负责。

任务实施

1. 服务聋哑乘客

为聋哑乘客提供的服务如下：

（1）乘务员以书写方式自我介绍，如图 7-4-1 所示。

服务伤残乘客

图 7-4-1　手写自我介绍

（2）服务时尽量不要让更多乘客知道聋哑乘客的身份。

（3）以书面或者肢体语言向乘客或其陪伴者详细介绍服务设备、紧急出口并示范操作。

（4）提供餐食、饮料服务时，提前书写好餐食和饮料的品种。

（5）飞机降落前，以书面形式告知乘客目的地的时间、温度及其他相关事宜。

2. 服务盲人乘客

为盲人乘客提供的服务如下：

（1）主动搀扶乘客，让乘客扶住自己的手臂，在上、下飞机和遇到障碍时告知乘客，如图 7-4-2 所示。

（2）向盲人乘客进行自我介绍，帮助确定座位方向、位置，协助其系好安全带。

（3）盲人乘客随身携带的物品放在其容易触摸的地方并告知乘客。若有导盲犬，应将其安排在乘客座位前方地板上，犬头朝向过道，同时向周围乘客解释说明。

（4）向盲人乘客详细介绍紧急出口、服务设备等，如图 7-4-3 所示。

（5）提供餐食服务时，帮助盲人乘客打开餐盒、餐具包，将餐食按正确的方位摆放，同时告知其餐盒内的食物类型及位置，便于其食用。

（6）提供饮料服务时，告知盲人乘客是何种饮料，如图 7-4-4 所示。

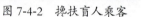

图 7-4-2　搀扶盲人乘客　　　　图 7-4-3　介绍服务设备　　　　图 7-4-4　饮料服务

（7）盲人乘客需要使用洗手间时，由同性乘务员陪同，一边介绍使用方法一边让其触摸设备。

（8）搀扶盲人乘客优先下机，微笑送客、礼貌致谢。

3. 服务担架乘客

为担架乘客提供的服务如下：

（1）明确《诊断书》或医疗证明已得到地面服务部门的确认，了解陪同人员有无特殊要求。

（2）安排乘客从左后门优先登机，最后下机，担架乘客只能安排在客机最后三排。

（3）将担架乘客移至机载担架上，头朝机头方向，系好安全带，如图 7-4-5 所示。

（4）担架乘客若需使用导尿管等，提醒并协助陪同人员将排泄物倒入洗手间马桶。

（5）飞机降落前，用毛毯垫高担架乘客的头部，帮助其系好安全带，了解担架乘客到达目的地后的接站情况，如有需要可以给予相应的帮助。

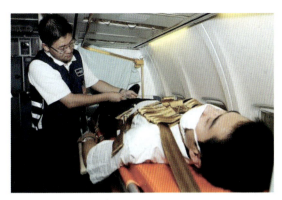

图 7-4-5　照顾担架乘客

4.服务轮椅乘客

为轮椅乘客提供的服务如下：

（1）乘务员引导并协助轮椅乘客入座，提供毛毯，帮助其系好安全带，如图 7-4-6 所示。

（2）向乘客讲解服务设施的使用方法，特别是呼唤铃、洗手间的位置和使用方法。

（3）提供餐食、饮料服务时，乘务员应协助乘客用餐。

（4）飞行过程中，随时关注轮椅乘客的情况，以提供必要的帮助。

（5）飞机降落前，帮助联系机场工作人员，使乘客在下机后可以乘坐机场的轮椅。

图 7-4-6　提供毛毯服务

思考与练习

案例：2017 年 11 月 5 日，从厦门飞往上海的某航班有一位无人陪同的轮椅乘客。在登机时，他乘坐轮椅到达舱门口后，婉言谢绝了乘务组的协助，坚持靠自己的力量登机并入座。

航班起飞之后，在巡舱过程中，乘务组特别关注这位乘客，整个飞行途中他都在闭目养神。航班准点降落在虹桥机场后，待其他乘客全部下机后，这位乘客仍然想自行下机。乘务员李鸣考虑到这位乘客确实行动不便，如果自己下客梯车，稍不留意就可能会摔倒，造成意外伤害。他走到乘客身边与他商量，希望能够背他下机，在征得乘客同意后，李鸣很小心地将乘客背下了飞机，2 号位乘务员周正则帮忙把乘客的行李提下了飞机。

走下客梯车时，地面工作人员早已将摆渡车上的座位安排好，李鸣将乘客放到摆渡车的座位上，并把行李交到他手中。乘客连声向李鸣道谢，一旁的其他乘客也纷纷翘起大拇指。

请思考针对残疾乘客如何提供人性化服务？

学习评价

序　号	得分标准	分　值	自评分	小组评分	教师评分
1	仪容、仪表符合职业规范	20分			
2	主动热情地为乘客提供行李、安全带等方面的服务	25分			
3	了解乘客身体情况，在旅途中满足乘客的特殊需求	25分			
4	积极参与任务实施	10分			
5	整体模拟效果较好	20分			
合　计		100分			

 **飞行结束**

　　飞机安全着陆，乘客们全部下机后即飞行服务结束，但乘务员的工作还未完成，后续工作包括清舱、航后总结等。

任务一｜清舱工作

情境导入

飞机已经抵达北京，乘务员待乘客全部下机后，准备进行清舱工作。

任务分析

根据需要，几人组成一个乘务组后，请完成以下任务：
完成飞机的清舱工作。

任务实施

清舱是航班结束后的一项重要工作，通过这项工作，能够及时发现乘客的遗留物品，同时也可以利用清舱工作对客舱环境进行维护。

清舱工作的内容如下：

（1）乘客下机后，相应号位乘务员对各自区域进行清舱，确认乘客全部下机并报告乘务长，如图 8-1-1 所示。

（2）乘客下机完毕后，乘务长应向地面工作人员给予拇指向上的手势确认。

图 8-1-1　乘务员清舱

（3）清舱时发现有遗留物品不可随意触碰，立即报告乘务长，乘务长立即通知地面工作人员，并办理交接手续。

（4）乘务员应利用清舱工作对客舱环境进行维护，折叠好乘客使用过的毛毯。

思考与练习

请说出清舱工作的具体要求。

学习评价

序　号	得分标准	分　值	自评分	小组评分	教师评分
1	仪容、仪表符合职业规范	20分			
2	操作内容完整	20分			
3	操作程序规范	30分			
4	积极参与任务实施	10分			
5	整体模拟效果较好	20分			
合　计		100分			

任务二｜航后总结

情境导入

飞行任务结束后，乘务组将对本次飞行任务进行总结。

任务分析

根据需要，几人组成一个乘务组后，请完成以下任务：

（1）按照各自的岗位分工进行航后总结工作；

（2）能针对不同的情况进行点评、总结。

任务实施

航后总结工作能让乘务组在每次飞行结束后发现问题，总结经验，不断提高服务质量。

航后总结工作的内容如下：

（1）乘务员整理好着装，带好所有飞行装备和个人证件下机。

（2）乘务员再次确认证件是否在位。

（3）乘务长对本次航班工作进行点评、总结，确认乘务员是否了解讲评内容。

友情提示

进行航后总结时应点评以下内容：工作差错、典型事例、特殊乘客服务、应急突发事件的处置、乘客意见反馈、改进服务的有效建议等。

（4）乘务员反馈信息和需要沟通的事项，提出合理化建议，乘务长记录并及时回答，如遇特殊情况，则须向上级汇报。

（5）核实并签收各类文件，完成有关物品的交接，填写"客舱故障本""问题反映单"等，妥善处理各部门之间的关系。

（6）乘务长投递单卡，如会员申请表、服务质量调查表等。

思考与练习

简述完成一趟航班服务后的心得体会。

学习评价

序 号	得分标准	分 值	自评分	小组评分	教师评分
1	仪容、仪表符合职业规范	20分			
2	航后总结内容完整、层次清晰	30分			
3	能对航班工作作出正确的总结	20分			
4	积极参与任务实施	10分			
5	整体模拟效果较好	20分			
合 计		100分			